CATALOGUE

DE

TABLEAUX

MODERNES

PAR

Appian, Bonvin, Brest, Cornilliet, Cottin, Dauzats
Daru, Guigou, J. Hereau, Van Hove, Laemlein, Tony de Bergue
Ph. Rousseau, Troyon, Veyrassat

AQUARELLES ET DESSINS

TABLEAUX ANCIENS

Des diverses Écoles

DONT LA VENTE AUX ENCHÈRES PUBLIQUES AURA LIEU

HOTEL DROUOT, SALLE N° 2

Le Samedi 18 Mai 1872

A DEUX HEURES

Par le ministère de M° **ESCRIBE**, Commissaire-Priseur,
rue de Hanovre, 6,
Assisté de **MM. DHIOS** et **GEORGE**, Experts, rue Le Peletier, 33.

EXPOSITION PUBLIQUE

Le Vendredi 17 Mai 1872, de une heure à cinq heures.

PARIS — 1872

RENOU ET MAULDE

IMPRIMEURS DE LA COMPAGNIE DES COMMISSAIRES-PRISEURS

Rue de Rivoli, 144

Nos. de division

682. Deschamps, 2 natures mortes. 1
680 — Mlle Verdier, 1 marine — 2.

CATALOGUE

DE

TABLEAUX

MODERNES

PAR

Appian, Bonvin, Brest, Cornilliet, Cottin, Dauzats
Daru, Guigou, J. Hereau, Van Hove, Laemlein, Tony de Bergue
Ph. Rousseau, Troyon, Veyrassat

AQUARELLES ET DESSINS

TABLEAUX ANCIENS

Des diverses Écoles

DONT LA VENTE AUX ENCHÈRES PUBLIQUES AURA LIEU

HOTEL DROUOT, SALLE N° 2

Le Samedi 18 Mai 1872

A DEUX HEURES

Par le ministère de **Me ESCRIBE**, Commissaire-Priseur,
rue de Hanovre, 6,
Assisté de **MM. DHIOS** et **GEORGE**, Experts, rue Le Peletier, 33.

EXPOSITION PUBLIQUE

Le Vendredi 17 Mai 1872, de une heure à cinq heures.

PARIS — 1872

CONDITIONS DE LA VENTE

—

Elle sera faite expressément au comptant.

Les Adjudicataires paieront, en sus des adjudications, CINQ CENTIMES PAR FRANC, applicables aux frais.

DÉSIGNATION

TABLEAUX MODERNES

APPIAN

1 — Bords de ruisseau à Virieux (Ain).

BESNUS

2 — Animaux au pâturage.

BONVIN

3 — Le Café de la grand'mère.

BONVIN

4 — Lièvre, plat de fruits et oiseaux morts sur une nappe.

BREST (FABIUS)

5 — Régates en mer.

CATHELINAUX

6 — Chevaux à l'abreuvoir.

(Salon de 1868

CORNILLIET (J.)

7 — Pardon breton.

COTTIN

8-9 — Poulaillers ; deux pendants.

10 — La Poule et la souris.

11 — Coq et poules.

DARU (Louise)

12 — Roses.

DAUZATS

13 — Intérieur de Saint-Sauveur (Cathédrale de Bruges).

DRAKE (T.)

14 — Marine.

ELMERICH

16 — Paysage.

GUIGOU (Paul)

16 — Bords de la Méditerranée.

17 — Environs de Marseille.

HÉREAU (Jules)

18 — Moutons au bord de la mer.

HÉREAU (Jules)

19 — Basse-cour.

HÉREAU (Jules)

20 — Pâturage normand.

HOVE (Van)

21 — La Toilette du dimanche.

LAEMLEIN

22 — Figure allégorique de la France.
        Projet pour le fronton du Palais de l'Industrie.

23 — Autre figure allégorique de la France.

ROUSSEAU (Ph.)

24 — Le Déjeuner des lapins.

TONY DE BERGUE

25 — L'Amateur de fleurs, costume Louis XV.

TROYON

26 — Bords de mer. (Étude.)

AQUARELLES

—

CHARLET

27 — Le Grand-papa. —

Mine de plomb.

CRAPELET

28 — Vue du Caire.

Aquarelle.

HÉREAU (Jules)

29 — Cour de ferme.

Aquarelle.

JOHANNOT (Alfred)

30 — Sujet tiré d'un roman de Walter Scott.

Sépia.

DAUZATS

31 — Type d'ouvriers espagnols.

Aquarelle

DAUZATS

32 — Types de religieux.

Aquarelle.

DELACROIX (Eugène)

33 — Don Quichotte.

34 — Cavalier.

Dessin au crayon.

MADLENER

35 — Le Retour du troupeau.

Sépia.

MONNIER (Henri)

36 — Le Chef de bureau.

Aquarelle.

MONNIER (Henri)

37 — Le Fermier.

Aquarelle.

NANTEUIL (Célestin)

38 — Promenade en gondole : scène vénitienne.

Grand dessin au crayon noir.

ORSELLI

39 — Napolitaine.

Aquarelle.

PASTELOT

40 — Un Coup de vent.

Aquarelle.

VERNET (Horace)

41 — Épisode de la guerre de Grèce.

Sépia.

VEYRASSAT

42 — Une Cour de ferme.

Aquarelle.

WANDERS

43 — Petite Bohémienne.

Dessin rehaussé.

WASHINGTON

44 — Halte d'Arabes.

Aquarelle.

WISSANT (CHARLES)

45 — Côtes de Normandie.

Aquarelle.

46 — Bords de la Méditerranée.

Aquarelle.

TABLEAUX ANCIENS

—

BALEN (H. Van)

4r — Vertumne et Pomone.

BLOOT (Pierre de)

48 — Fête flamande.

BREDA (Van)

49 — L'Abreuvoir.

FRANCK (François)

56 — L'Entrée dans l'arche.

57 — Destruction de Jéricho.

GUIDO-RENI (École de)

52 — La Sainte Famille.

HAUDEBOURG-LESCOT

53 — Dame napolitaine.

DESARNOD (Signé)

54 — Garde d'honneur au bivouac (1813).

DUNOUY

55 — Paysage italien.

LEPRINCE (Xavier)

56 — L'Appel des bestiaux. (Paysage suisse.)

LEPRINCE (Xavier)

57 — Sujet tiré de la Jérusalem délivrée.

LEPRINCE (Gustave)

58 — Vue d'Harfleur.

LEPRINCE (GUSTAVE)

59 — Vue du Havre.

NATOIRE

60 — Le Repos de Vénus.

NICOLET (P.)

61 — Le Sommeil de Diane.

Signé P. Nicolet, 1758.

SIMONINI

62 — Paysages avec figures.

Deux pendants.

VERBRUGGEN

63 — Vase et guirlande de fleurs.

ÉCOLE FLORENTINE

64 — Prisonniers.

Grande composition.

ÉCOLE FRANÇAISE

65 — Sainte Cécile.

Pastel.

66 — Les Tableaux omis.

RENOU et MAULDE, imprimeurs de la Compagnie des Commissaires-Priseurs,
rue de Rivoli, 144.   21018